Renaud Gaucher

COMMENT FAIRE GAGNER DE L'ARGENT A VOTRE
ENTREPRISE AVEC L'ANALYTIQUE RH

Copyright © 2016 Renaud Gaucher

Couverture : Alice Kunisue Thomas

Tous droits réservés

ISBN : 978-1537388472

DU MÊME AUTEUR

- **Bonheur et performance en entreprise : les clés du succès (2016)**
- The Finance of Happiness (2016)
- Les enseignants d'abord, les élèves ensuite. Après l'entreprise libérée, l'administration libérée (2015)
- **La finance du bonheur (2015)**
- Bonheur et politique publique. Une approche scientifique et un bout de programme pour l'élection présidentielle (2012)
- Psychologie de l'argent et économie. Abolirons-nous la pauvreté dans les pays riches ? (2011)
- **La psychologie positive ou l'étude scientifique du meilleur de nous-même (2010)**
- Bonheur et économie. Le capitalisme est-il soluble dans la recherche du bonheur ? (2009)

Sommaire

Introduction 9

Pourquoi l'analytique RH va faire gagner de l'argent à votre entreprise..11
    Intuition et pensée analytique 11
    Information incomplète 12
    Biais et décision..14
    La certitude est incertaine 15
    Utiliser l'analytique RH à son plein potentiel................16
    L'analytique RH ne vous dira pas forcément ce que vous avez envie d'entendre 18
    Lier efficacement analytique RH et expertise traditionnelle 18
    Ce qu'une intelligence artificielle peut faire en matière d'analytique RH et ce qu'elle ne peut pas faire 21
    Les qualités d'un bon expert en analytique RH............23
    Les étapes d'une intervention en entreprise d'un expert en analytique RH 24

Étude de cas 1 - Comprendre l'engagement au travail et l'améliorer 27
    Votre problématique 27
    Qu'est-ce que l'engagement au travail ? 27
    Pourquoi l'engagement au travail est devenu si important pour les entreprises 28
    Une courte initiation à la construction d'un bon questionnaire..29
    Comment mesurer l'engagement au travail ? 32
    Identifier dans votre entreprise les principaux leviers pour accroître l'engagement au travail 33

Étude de cas 2 - Comprendre la performance des collaborateurs et l'améliorer 35

Votre problématique 35
Définir et mesurer la performance des personnes, des équipes et de l'entreprise 35
À quel point votre entreprise est-elle un système de travail à haute performance ? 39
Améliorer et prédire la performance 42
Prendre en considération l'épuisement professionnel dans la compréhension de la performance 44
Améliorer la loyauté des consommateurs 45

Étude de cas 3 - Réduire le turnover pour réduire les coûts et la perte de capital organisationnel 47
Votre problématique 47
Le coût du turnover...47
Le turnover volontaire 49
Ce que peut apporter une analyse statistique avancée...............49

Étude de cas 4 - Bien recruter et promouvoir 53
Votre problématique 53
Le recrutement 53
Les promotions 54
Le cas des hauts potentiels 55

Étude de cas 5 - Comprendre l'impact d'une nouvelle intervention RH ou managériale 59
Votre problématique 59
Traquer l'impact de vos interventions RH..................................59
Différentes interventions, différentes mesures...........................60
Calculer la rentabilité financière d'une intervention 62
Le panel et le « pulse »...62
Le problème de la représentativité (expliqué avec un bol de soupe !) 63
L'effet Hawthorne ou l'influence du chercheur sur la performance de l'employé 65

Prendre soin d'isoler les effets propres à l'intervention de possibles effets extérieurs 66

En guise de conclusion 69

Références bibliographiques...71

Introduction

Les statistiques avancées sont de plus en plus utilisées dans des fonctions comme la finance, le marketing et la gestion des opérations, mais n'ont pas le même rayonnement quand il s'agit des ressources humaines et du management.

Pourtant, certaines entreprises utilisent avec une grande réussite l'analytique RH, qui peut être définie comme l'utilisation croisée de concepts, de mesures et de traitements statistiques, plus ou moins complexes, dans le domaine des ressources humaines et du management.

Quand Google lance le programme Aristote en 2012 pour comprendre ce qui fait qu'une équipe est efficace, les responsables du projet font appel à l'analytique RH pour répondre à la question. La presse a beaucoup parlé d'un des résultats de ce programme qui montrait que la gentillesse était un facteur clé de la performance des équipes. Elle n'a pas mis en lumière par contre que cette information était le résultat d'un travail d'analytique RH.

Quand SAP, un des leaders européens des logiciels d'entreprise, met en place un programme de recrutement de travailleurs autistes., ce n'est pas pour des raisons sociales ou légales, mais parce que l'entreprise, à l'aide notamment d'un travail d'analytique RH, s'est aperçue que les travailleurs autistes pouvaient être une source d'avantage compétitif – tant que ses concurrents ne font pas de même – et, de manière plus durable, d'une plus grande productivité.

Ce livre a pour but de vous montrer pourquoi et comment l'analytique RH va faire gagner de l'argent à votre entreprise.

Comme l'analytique RH permet de donner des réponses à presque n'importe quelle question RH ou managériale, il ne s'agit pas d'être exhaustif, mais juste de vous donner un avant-goût de ce que vous pourriez faire pour votre entreprise.

Voici comment le livre est structuré.

Le premier chapitre explique pourquoi l'analytique RH peut grandement aider à prendre de meilleures décisions, c'est-à-dire des décisions qui *in fine* devraient rapporter plus d'argent à l'entreprise.

Les chapitres suivants portent chacun sur un sujet important des RH et du management : engagement au travail, performance, turnover, recrutement et promotion, analyse de l'impact d'une intervention RH ou managériale. Ces chapitres sont présentés sous forme d'étude de cas : ils expliquent comment l'analytique RH peut aider votre entreprise de manière pratique.

Pourquoi l'analytique RH va faire gagner de l'argent à votre entreprise

Les collaborateurs de l'entreprise forment son capital humain. Dans une économie de la connaissance et de l'innovation, ce capital a une importance croissante dans la valorisation des entreprises.

Pourtant, la prise de décisions et les mises en pratique en matière RH et managériale sont largement sous-optimales aujourd'hui dans beaucoup d'entreprises, ce qui conduit *in fine* à des conséquences financières négatives.

Alors que d'autres fonctions peuvent déjà faire largement appel à des outils statistiques puissants – comme le marketing dans sa compréhension des comportements des consommateurs – il n'en est généralement pas de même pour les RH et le management.

Certains peuvent considérer que les chiffres rendent les RH moins humaines. En fait, l'analytique RH peut rendre les entreprises plus équitables, plus agréables à vivre, plus collaboratives et plus performantes en aidant à prendre de meilleures décisions.

Intuition et pensée analytique

Kahneman (2011), psychologue et prix Nobel d'économie, a développé les notions de pensée rapide et de pensée lente pour caractériser la manière dont nous prenons des décisions.

Dans la pensée rapide, nous faisons appel à notre intuition. Dans la pensée lente, nous prenons des décisions fondées sur une évaluation analytique de la situation.

Baser une décision uniquement sur l'intuition peut être source de problème. Les émotions jouent un grand rôle. L'information utilisée par notre cerveau est plus incomplète. Les biais qui influencent nos décisions sont plus prégnants.

Cependant, la pensée analytique est loin d'être parfaite. Elle souffre aussi de la prise en compte incomplète de l'information et de biais cognitifs. Même lorsque ceux qui pensent sont des experts, les résultats sont loin d'être aussi bons qu'on le pense.

À ce sujet, Tetlock (2005) a étudié sur une période de 20 ans les conseils de 284 experts de l'économie et de la politique. Il a montré que ces experts armés de doctorats et d'une grande expérience avaient des résultats à peine meilleurs que si les anticipations avaient été faites au hasard. Certes, ce sont des experts qui le sont dans d'autres domaines que celui de l'entreprise, mais le résultat est marquant.

Information incomplète

Selon que l'on utilise la pensée rapide, la pensée lente ou l'analytique RH, la quantité d'information prise en considération est différente. La qualité aussi.

La pensée rapide prend en compte moins d'informations que la pensée lente, qui elle-même utilise moins d'informations que l'analytique RH.

Dans la pensée rapide, c'est plutôt votre cerveau qui choisit l'information qu'il utilise. Dans la pensée lente, c'est plutôt vous et vous pouvez prendre le temps d'amasser de l'information. Cependant, cette masse d'information reste très inférieure à celle que peut prendre en compte l'analytique RH, qui peut aisément s'appuyer sur des centaines de variables portant sur les centaines, les milliers, les centaines de milliers d'employés d'une entreprise.

Cette information peut ensuite être traitée statistiquement et les principaux résultats peuvent nourrir la pensée lente comme la pensée rapide.

La qualité de l'information prise en compte est également différente. Dans la pensée rapide, c'est plutôt votre cerveau qui choisit l'information qu'il traite. Dans la pensée analytique, c'est plutôt vous.

Dans l'analytique RH, le choix de l'information pertinente se fait – si l'analytique RH est bien faite – à la fois à partir des résultats de la recherche scientifique, de la littérature professionnelle, de l'histoire de l'entreprise, de son environnement et d'éléments de prospective.

Prendre une décision en situation d'information complète est impossible. Il y aura toujours de l'information qui ne sera pas prise en compte. En outre, il n'est pas possible de prendre de manière sûre la meilleure décision, car nous ne savons pas ce que sera le futur et une même décision peut être plus ou moins optimale selon que le futur est proche ou lointain, ce qui renvoie à la notion d'horizon de l'investissement en finance.

L'analytique RH permet de prendre des décisions en situation d'information beaucoup moins incomplète que la pensée lente et la pensée rapide.

Biais et décision

Notre pensée est entachée de nombreux biais et ce qui est le plus dangereux est que nous n'en avons généralement pas conscience quand ces biais se produisent.

Voici quelques biais qui peuvent avoir des conséquences négatives importantes pour la prise de décision.

- Le biais de confirmation. Nous avons tendance à ignorer les informations qui remettent en cause nos idées.
- Le biais d'ancrage. Nous avons tendance à nous concentrer sur des points dont nous pensons a priori qu'ils sont les bons.
- Le statu quo. Nous avons tendance à préférer le statu quo au changement et cela se voit quand on souhaite changer.
- L'effet de cadrage. La manière dont une information est présentée influence nos préférences, notre raisonnement et nos décisions.

L'utilisation de l'analytique RH réduit les biais dont nous pouvons faire montre dans nos raisonnements. Elle joue même ce rôle pour l'expert en analytique RH qui voit ses hypothèses être confrontées aux résultats de l'étude qu'il mène, comme vous allez le voir dans l'exemple qui suit.

La certitude est incertaine

Ce n'est pas parce que nous pensons que nous avons raison que nous avons réellement raison. Vous avez sans doute vécu des moments dans votre vie où vous étiez certain d'une chose et vous vous êtes trompé. Moi de même.

En 2013, j'ai réalisé une étude sur le bien-être au travail et la performance financière pour une société d'assurance. J'étais alors persuadé que le bien-être au travail favorisait la performance financière et que l'étude permettrait de mettre en valeur différents leviers conjoints pour améliorer les deux.

Après avoir collecté les données nécessaires, j'ai pu commencer le traitement statistique. Si je trouvais facilement des moyens d'améliorer le degré de bonheur au travail des employés, des moyens d'améliorer la performance financière, je trouvais peu de lien fort entre bonheur au travail et performance financière. Bref, la réalité des chiffres avait vaincu la certitude de mes idées et de mes paroles.

Cette expérience a été pour moi extrêmement éclairante et formatrice, car elle m'a montré que la distance pouvait être grande entre mes certitudes et la réalité, même si mon travail d'alors a quand même permis de mettre en valeur quelques résultats intéressants d'un point de vue opérationnel.

Elle m'a montré aussi l'intérêt d'une approche scientifique des questions RH et managériales. La parole est tellement facile. Dire, promettre, et finalement n'avoir rien d'autre comme contradicteur qu'une autre parole. Avec une approche scientifique et un traitement statistique avancé, les idées deviennent alors des hypothèses et les résultats permettent d'en connaître la pertinence. L'approche scientifique et le traitement statistique peuvent se révéler des contradicteurs implacables. Dès lors, ils poussent à l'excellence.

Cette expérience, enfin, a été fondatrice dans mon approche du conseil. Le meilleur conseil que je peux apporter doit lier la fine pointe de la recherche, gage de rigueur et de pertinence, et la simplicité dans l'opérationnalisation des solutions, gage de réussite dans la prise de décision du management et la mise en œuvre.

Utiliser l'analytique RH à son plein potentiel

L'analytique RH est l'utilisation croisée de concepts, de mesures et de traitements statistiques, plus ou moins complexes, dans le domaine des ressources humaines et du management.

En matière de RH et de management, beaucoup d'entreprises se contentent de faire du *reporting*, d'utiliser des statistiques descriptives, parfois ou peut-être souvent basées sur une mesure déficiente des phénomènes qu'elles souhaitent mesurer comme l'engagement au travail ou la performance.

L'analytique RH peut être décrite selon trois niveaux et c'est la pleine utilisation de ces trois niveaux, en particulier du troisième et dernier, qui permet d'utiliser l'analytique RH à son plein potentiel.

Le premier niveau est celui de l'analyse descriptive. On fait les comptes et on regarde. Le taux du turnover ou celui de l'absentéisme appartiennent à ce niveau. D'un point de vue mathématique, ce qui est habituellement réalisé est simple.

Il y a cependant une complexité qui est rarement bien appréhendée dans ce premier niveau, c'est l'utilisation de concepts complexes tels que l'engagement au travail ou la performance. Et la bonne appréhension de certains de ces concepts peut nécessiter l'utilisation de moyens mathématiques complexes en plus d'une bonne culture scientifique et opérationnelle. En fait, ce premier niveau de l'analytique RH, qui peut sembler simple, ne l'est pas quand on veut fournir de l'information pertinente. Nous le verrons en particulier dans l'étude de cas portant sur l'engagement au travail.

Le deuxième niveau est celui de l'analyse corrélationnelle. On regarde les relations entre les variables. Par exemple, est-ce que l'absentéisme varie avec le niveau de bien-être au travail ? Est-ce que la performance varie avec l'engagement au travail ?

Le troisième niveau est celui de l'analyse prédictive. Quelle sera la politique de rémunération la plus efficace ? Quels sont les meilleurs candidats ? Est-ce que la formation mise en place a influencé positivement la satisfaction client et le niveau des ventes ? On utilise des outils statistiques avancés pour faire des prédictions quant à de futurs résultats et pour mettre en avant des relations causales.

L'analytique RH ne vous dira pas forcément ce que vous avez envie d'entendre

En utilisant l'analytique RH, il vous arrivera de vivre la même expérience que moi : les résultats obtenus ne seront pas forcément les résultats espérés.

Mais c'est une bonne expérience. Warren Buffett préfère s'entourer de personnes qui lui disent ce qu'elles pensent être mauvais pour son entreprise plutôt que des personnes qui préfèrent penser comme le patron. Avec l'analytique RH, vous avez une sécurité similaire à celle recherchée par Warren Buffett. Quoi que vous pensiez, les résultats statistiques pourront vous dire que vous avez tort.

Dès lors, la question est de savoir si vous êtes prêt à l'entendre.

Lier efficacement analytique RH et expertise traditionnelle

L'analytique RH permet de réduire l'influence des biais et de prendre en considération une information plus large. Pour autant, cela ne veut pas dire qu'il n'y a pas de place pour l'expérience du manager, son intuition et sa pensée analytique.

Cela veut dire que l'expérience, l'intuition et la pensée analytique du manager ont des limites et que l'analytique RH repousse ces limites en produisant une information qui, si elle est prise en compte, permet de prendre des décisions qui ont de meilleures conséquences pour l'entreprise. En outre, l'analytique RH n'enlève pas la responsabilité de la décision. Au mieux, elle peut réduire le poids émotionnel qu'elle peut avoir.

En conséquence, la meilleure approche est celle qui lie l'analytique RH et l'expérience du manager.

Pour lier au mieux analytique RH et expérience du manager, il faut comprendre comment l'analytique RH bonifie la décision humaine – c'est ce que nous venons de voir. Il convient aussi de connaître ses limites.

La première est que l'analytique RH ne délivre généralement pas de vérité absolue, mais seulement une probabilité forte. Ainsi, pour l'analytique RH prédictive, la norme la plus utilisée est de donner les résultats qui ont au minimum 95% de chance d'être justes.

La deuxième est qu'il existe des questions pour lesquelles il est compliqué d'utiliser une analyse statistique pointue au niveau d'une seule entreprise, car la population de référence est trop faible. Par exemple, s'il est possible de prédire ce qu'est un bon employé pour une entreprise à partir de ses données, il est impossible de prédire ce que sera un bon PDG. Pour avoir une idée de ce que peut être un bon PDG, il faut partir des données d'une trentaine d'entreprises au moins.

La troisième est que les résultats de l'analytique RH sont fondés sur des données passées et présentes – comme l'expérience au demeurant. Or le futur peut être différent du passé et du présent.

Dès lors, le dirigeant ne peut se reposer uniquement sur l'analytique RH pour prendre des décisions. Il doit aussi utiliser son expertise.

À noter qu'il est possible pour n'importe qui, que l'on soit manager ou pas, d'améliorer sa capacité de réfléchir et donc à prendre des décisions.

Pour Hoch (2001), la plupart des décisions ont trois niveaux :

- L'identification des variables
- L'évaluation des variables
- L'intégration de l'information dans une évaluation globale.

Dawes (1979) montre ainsi que le fait de développer un petit algorithme simple – sans informatique aucune – peut être plus performant dans la prise de décision que l'opinion d'un expert. Dit autrement, cela signifie qu'il est possible d'améliorer une bonne part de ses décisions simplement en identifiant des variables, en les évaluant et en les rassemblant dans une note globale.

Par exemple, la Dre Virginia Apgar, anesthésiste, développa en 1953 un algorithme tout simple. Elle choisit les variables les plus importantes pour elle pour rendre compte de la santé d'un nourrisson (respiration, réflexe, tonus musculaire, couleur et rythme cardiaque), puis une échelle dont les scores étaient 0, 1 et 2 pour décrire la force de chaque variable. Elle additionna les scores des différentes variables. Un bébé avec un score de 4 ou moins devait avoir une attention immédiate. À 8 et au-delà, pas de souci particulier. Cet algorithme a très vraisemblablement sauvé des milliers de bébés à l'époque.

Ce qu'une intelligence artificielle peut faire en matière d'analytique RH et ce qu'elle ne peut pas faire

Dans le futur, et même dès maintenant, il y a un troisième acteur à côté du manager et de l'expert en analytique RH : l'intelligence artificielle (IA).

Lugger et Stubbleeld (1993) définissent l'intelligence artificielle comme la partie de l'informatique consacrée à l'automatisation de comportements intelligents. C'est une des nombreuses définitions de l'IA.

Un des éléments majeurs de l'intelligence artificielle est le *machine learning*. Dans le *machine learning*, les algorithmes prennent des données existantes, recherchent des modèles dans ces données et utilisent ces modèles pour générer des prédictions sur le futur.

Si les algorithmes permettent de produire des données nouvelles bien plus rapidement qu'un expert en analytique RH, ils ont cependant au moins trois limites.

La première est que les algorithmes doivent être programmés et cette programmation a pour but d'imiter ce que ferait une équipe experte en analytique RH. En d'autres termes, les algorithmes ont pour but, à terme, de faire gagner du temps et de réduire un coût qui ne représente qu'une partie du travail de l'expert en analytique RH.

La deuxième est que les algorithmes ne génèrent pas les données initiales. Par exemple, ce ne sont pas eux qui vont comprendre ce qu'est la performance et choisir les bonnes variables pour la mesurer. Ce ne sont pas eux non plus qui vont adapter ces mesures avec l'évolution de l'entreprise. Ils vont juste donner de l'information qui va y aider.

La troisième est qu'ils ne comprennent pas ce qu'ils ont généré. Par exemple, face à un résultat nouveau, ils n'auront pas la capacité d'évaluer la pertinence de ce résultat.

Dans *Race against the Machine* (2011), Brynjolfsson et McAfee expliquent l'idée suivante. Lorsque Garry Kasparov perd contre l'ordinateur Deep Blue en 1997, les médias ont mis en avant la victoire d'un ordinateur sur le meilleur des êtres humains dans le domaine qui avait été celui de la compétition, les échecs. En fait, ce n'était pas la victoire d'un ordinateur, c'était la victoire d'une équipe d'êtres humains qui avaient programmé un ordinateur.

La question n'est donc pas de savoir qui de la machine ou de l'être humain est le plus fort. Il s'agit en fait d'utiliser au mieux les aptitudes de chacun. Nous sommes chanceux que les machines que nous fabriquons soient bonnes là où nous ne le sommes pas. Par exemple, quand j'utilise un logiciel statistique pour faire de l'analytique RH, ce logiciel réalise en quelques millièmes de seconde les calculs que je mettrais des semaines à réaliser si je devais les faire à la main. Sans compter les erreurs que je pourrais faire.

Au final, il y a un paradoxe dans l'intelligence artificielle au service de l'analytique RH. En effet, comme le travail d'un expert en analytique RH est hautement complexe et nécessite une bonne dose de créativité, si un jour une intelligence artificielle peut faire l'ensemble du travail d'un expert en analytique RH, cela signifiera que nous n'aurons plus besoin de travailleur pour quoi que ce soit... et donc plus besoin d'intelligence artificielle pour faire de l'analytique RH !

Les qualités d'un bon expert en analytique RH

Qu'est-ce qu'un bon expert en analytique RH ?

D'abord, il a une culture de la psychologie et de l'économie du travail, des ressources humaines et du management. Dans cette culture, les concepts de comportement organisationnel et de capital humain sont centraux.

Ensuite, il a une culture scientifique. En effet, l'expert en analytique RH agit en chercheur et une culture scientifique apporte la rigueur méthodologique nécessaire : prendre connaissance de la fine pointe de la recherche sur un sujet donné, de la littérature professionnelle aussi, formuler une problématique voire définir des hypothèses, collecter des données nouvelles si besoin, traiter les données, comprendre les apports et les limites des résultats obtenus.

Ensuite encore, il sait s'adapter à l'opérationnel qui lui-même peut être très changeant d'une fonction à une autre, d'une entreprise à une autre, dans le temps. Il faut comprendre les problèmes d'un point de vue pratique avant de les étudier avec un œil de chercheur. Quand les résultats, leurs apports et leurs limites sont connus, il faut être capable de les traduire pour le management en informations pertinentes et simples ainsi qu'en implications pratiques.

Enfin – et cela va avec sa culture scientifique – il a de bonnes connaissances en statistiques. Selon les domaines scientifiques, la culture statistique n'est pas de même niveau. Dans la recherche en ressources humaines et management, le degré d'exigence est moindre au niveau statistique que dans la recherche en économie et finance. Sur les questions statistiques, il est donc préférable que l'expert en analytique RH soit plus proche des compétences demandées en économie et finance qu'en ressources humaines et management.

Les étapes d'une intervention en entreprise d'un expert en analytique RH

Nous pouvons proposer une démarche type qui est la suivante :

- Comprendre les questions que les décideurs se posent... et les problèmes qu'ils ne se posent pas et que l'on pourrait aider à résoudre
- Connaître les qualités de la base de données de l'entreprise
- Formuler les problématiques et les méthodes et valider le tout avec les décideurs
- Si besoin et si autorisé, améliorer la base de données de l'entreprise
- Si besoin et si autorisé, faire collecter ou collecter les données issues de cette amélioration
- Traiter les données
- Analyser les résultats, leurs apports, leurs limites et leurs implications pratiques
- Communiquer et discuter

Après ce premier chapitre, nous vous proposons d'aller un petit peu plus loin en vous présentant quelques études de cas sur quelques questions RH et managériales. Bien évidemment, l'analytique RH permet de répondre à bien d'autres questions que celles proposées. Bien évidemment aussi, nous n'avons pas tout dit des moyens de répondre aux problématiques auxquelles les études de cas s'intéressent. Le but est de vous montrer quelques bases afin de vous donner envie d'aller plus loin par vous-mêmes… ou en faisant appel à nous !

Étude de cas 1 - Comprendre l'engagement au travail et l'améliorer

Votre problématique

Vous souhaitez comprendre à quel point vos collaborateurs sont engagés dans leur travail et quels seraient les principaux leviers pour élever ce niveau, si besoin.

Qu'est-ce que l'engagement au travail ?

De nombreux chercheurs travaillent sur l'engagement au travail. Parmi les travaux menés sur la définition de l'engagement au travail, il y en a trois majeurs.

Le premier est celui de Kahn (1990) qui définit l'engagement au travail comme l'emploi et l'expression de son soi préféré dans le contexte de travail, ce qui se traduit par le fait d'être présent physiquement, cognitivement et émotionnellement.

Le deuxième est celui de Schaufeli et ses collègues (2002) pour lesquels l'engagement au travail a trois dimensions : la vigueur, l'absorption et le dévouement. La vigueur est caractérisée par de hauts niveaux d'énergie. Le dévouement renvoie au fait d'être fortement impliqué émotionnellement dans son travail. L'absorption est caractérisée par le fait d'être pleinement concentré dans le travail.

Le troisième est celui de Saks (2006) qui définit l'engagement au travail en relation avec la théorie de l'échange social. Dans cette théorie, une relation évolue positivement dans le temps aussi longtemps que les différentes parties respectent des règles centrées sur la réciprocité. Ainsi, les employés sont engagés si l'entreprise leur apporte de bonnes conditions de travail et d'existence.

Il y a une certaine proximité entre la définition de Kahn et celle de Schaufeli et ses collègues. La présence physique, cognitive et émotionnelle de Kahn se retrouve partiellement dans la vigueur, l'absorption et le dévouement de Schaufeli et ses collègues.

Les définitions de Kahn et de Saks apportent chacune une hypothèse explicative centrale à l'engagement au travail. Pour Kahn, c'est la possibilité d'exprimer ce que l'on est dans le contexte de travail. Pour Saks, c'est plus précisément la relation que crée l'entreprise avec le collaborateur.

Pourquoi l'engagement au travail est devenu si important pour les entreprises

Historiquement, le capital financier et le capital technologique étaient considérés comme les principaux leviers de la création de valeur. Le capital humain était beaucoup moins considéré.

Aujourd'hui, la part de l'intangible est devenu largement supérieure à la part du tangible dans l'explication de la valorisation des entreprises. La donne a changé et le capital humain est souvent le capital le plus important de l'entreprise, même si certains dirigeants n'agissent pas comme s'ils en avaient conscience.

Le capital humain est différent du capital financier et du capital technologique en ce qu'il possède une caractéristique que n'ont pas les autres formes de capital : l'information privée. Les collaborateurs peuvent garder pour eux-mêmes ce qu'ils savent, voire même décider de partir avec.

Pour encourager la contribution maximale des collaborateurs au développement de la valeur de l'entreprise, pour encourager le partage de l'information privée, les employeurs développent des contrats et des pratiques RH et managériales incitatives.

Pour l'entreprise, l'information privée détenue par les collaborateurs est à la fois un inconvénient et un avantage selon la situation. Si l'entreprise a de mauvais contrats et de mauvaises politiques, c'est un désavantage. Si l'entreprise a de bons contrats et de bonnes politiques, alors c'est un avantage qui peut être un avantage compétitif vis-à-vis des concurrents. En effet, votre capital humain est quasiment impossible à répliquer pour vos concurrents.

À partir de cette analyse de l'importance du capital humain, nous pourrions proposer une autre définition de l'engagement au travail. L'engagement au travail est le degré selon lequel le collaborateur partage son information privée pour le bien de l'entreprise.

Une courte initiation à la construction d'un bon questionnaire

Cette partie est une partie que vous pouvez sauter sans que cela altère votre compréhension de ce qu'est l'engagement au travail en tant que phénomène psychologique et de ce que sont les moyens d'améliorer cet engagement au sein de votre entreprise. Elle a pour but de présenter les étapes majeures pour construire un bon questionnaire sur l'engagement au travail et tout autre questionnaire sur des phénomènes psychologiques.

Ecrire un bon questionnaire est en fait très compliqué. Les personnes qui pensent que c'est simple n'ont juste pas conscience de toutes les difficultés et notamment les biais qui existent.

La première étape de la construction est de choisir un cadre théorique. Il convient donc de choisir une définition claire du concept, ici l'engagement au travail. Il convient également de choisir une définition pertinente qui distingue l'engagement au travail d'autres concepts existant. Par exemple, l'engagement au travail n'est pas la satisfaction au travail ou l'attachement organisationnel. De manière pratique, pour construire sa définition de l'engagement au travail, Kahn (1990) a mené une étude scientifique qualitative.

Du cadre théorique découle l'écriture des items. Les items doivent avoir une excellente validité faciale. La validité faciale est le fait que les items s'inscrivent dans le cadre théorique choisi. Vérifier la validité faciale est plus un art qu'une science. Il convient de lire les items et de se demander pour chacun d'entre eux s'il se rattache au cadre théorique.

Une nouvelle étape est le choix de l'échelle. Généralement, les échelles numériques sont préférées. Il convient d'avoir conscience que la gradation de l'échelle peut influencer les répondants. Ainsi, lorsqu'une échelle offre la possibilité d'une réponse neutre, par exemple « ni engagé(e) ni désengagé(e) », cette réponse peut être choisie par les personnes qui hésitent et celles qui ne souhaitent pas répondre. De même, lorsqu'une échelle offre beaucoup d'options, les répondants ont tendance à ne pas utiliser les réponses extrêmes. Cela ne veut pas dire qu'il faut refuser d'utiliser ces types d'échelles, cela veut dire qu'il faut avoir conscience des avantages et des inconvénients de chaque type d'échelle, que ce soit dans le processus de construction ou dans l'analyse des résultats.

Après avoir collecté les réponses des répondants, il est important de vérifier la sensibilité, la validité et la fiabilité du questionnaire.

Un questionnaire a une bonne sensibilité s'il permet de différencier les répondants les uns des autres. Que penseriez-vous d'un questionnaire où chacun répond la même chose ? Était-ce vraiment utile d'utiliser un tel questionnaire ?

Un questionnaire est valide s'il mesure ce qu'il est censé mesurer. Est-ce que les dimensions choisies initialement pour le questionnaire sont celles qui apparaissent au niveau statistique ?

Un questionnaire est fiable s'il apporte le même résultat quand la situation est la même. Que penseriez-vous d'un thermomètre qui ne donne pas la même température lorsque la température est la même ?

Lorsque votre questionnaire satisfait toutes ces étapes, vous avez un bon questionnaire.

Comment mesurer l'engagement au travail ?

Comme nous venons de le présenter, un bon questionnaire s'inscrit dans la définition choisie.

Si la définition de l'engagement au travail choisie est celle de Kahn, alors vous devez avoir un questionnaire qui s'inscrit dans cette définition. Si Kahn a eu une approche qualitative sur la question de l'engagement au travail et n'a jamais proposé une échelle bâtie sur ses travaux, Rich, Lepine et Crawford (2010) ont développé une telle échelle.

Voici quelques exemples d'items, un pour chaque dimension du modèle :

- « Je travaille avec intensité » (engagement physique)
- « Je suis enthousiaste dans mon travail » (engagement émotionnel)
- « Au travail, je suis concentré dans mon travail » (engagement cognitif)

Schaufeli et ses collègues (2002) ont développé une échelle qui s'inscrit dans leur cadre théorique. Voici également quelques items, un par dimension du modèle.

- « Je déborde d'énergie pour mon travail » (vigueur)
- « Je suis passionné(e) par mon travail » (dévouement)
- « Je suis littéralement plongé(e) dans mon travail » (absorption)

Ces deux échelles sont parmi les meilleures échelles au niveau scientifique et elles peuvent être utilisées pour mesurer l'engagement au travail.

D'un point de vue opérationnel, elles ont cependant un inconvénient. Ce sont des échelles à 3 dimensions, ce qui veut dire trois fois plus de calculs et trois fois plus de résultats à expliquer. C'est pourquoi je pense que d'un point de vue opérationnel, il est préférable de mesurer l'engagement au travail avec une échelle à une dimension et plusieurs items tels que :

- « Je désire contribuer à l'atteinte des objectifs de mon entreprise »
- « J'ai envie de prendre des initiatives dans mon travail »

Identifier dans votre entreprise les principaux leviers pour accroître l'engagement au travail

Mesurer l'engagement au travail ne suffit pas. Il faut être aussi en position de pouvoir améliorer cet engagement, c'est-à-dire de connaître les leviers sur lesquels agir. Pour ce faire, il faut donc avoir des mesures de possibles déterminants de l'engagement au travail.

Si l'entreprise a une base de données sur certaines caractéristiques de ses collaborateurs, alors il est possible de tester certaines variables comme déterminants potentiels de l'engagement au travail.

Si l'objectif est d'avoir la meilleure compréhension des déterminants possibles de l'engagement au travail dans votre entreprise, alors il est préférable de pouvoir recueillir des données sur des variables qui ne sont vraisemblablement pas présentes dans la base de données.

Parmi les variables qui nous intéressent étant donné ce que nous savons de la recherche scientifique sur l'engagement au travail, nous pourrions proposer de tester la richesse des tâches, l'autonomie, les feed-back, les relations avec les supérieurs, les relations avec les collègues ou bien encore la sécurité psychologique, c'est-à-dire à quel point je me sens le droit d'être moi au travail.

Étude de cas 2 - Comprendre la performance des collaborateurs et l'améliorer

Votre problématique

Vous souhaitez comprendre à quel point les collaborateurs de votre entreprise sont performants et comment il pourrait être possible d'améliorer cette performance de manière durable.

Définir et mesurer la performance des personnes, des équipes et de l'entreprise

En réponse à la volatilité des marchés et à l'incertitude économique croissantes, les entreprises ont donné de plus en plus d'importance à la performance, qu'elle soit individuelle, d'équipe ou organisationnelle (Bach, 2012).

Si la performance financière est la performance la plus mise en avant, cette performance financière n'existe que par la réalisation d'autres formes de performance.

Pour comprendre les différentes formes de performance, nous vous proposons une matrice.

Dans cette matrice, nous distinguons le niveau d'analyse et le degré d'objectivité de la mesure. Le niveau d'analyse permet de distinguer les différents niveaux où se construit la performance : l'individu, l'équipe, l'entreprise. Par souci de simplicité, nous ne présentons dans la matrice que deux niveaux : l'individu et l'entreprise.

Le degré d'objectivité distingue la performance en fonction de la manière dont sont obtenues les données pour la mesurer. Les mesures objectives de la performance sont les plus appréciées, car elles évacuent la subjectivité humaine. Les mesures subjectives de la performance sont cependant importantes. D'abord, il n'est pas possible d'avoir une mesure objective de toute forme de performance. Ensuite, la manière dont est perçue la performance (même si cette perception est fausse) influence nos comportements et subséquemment la performance objective de l'entreprise.

	SUBJECTIF	OBJECTIF
INDIVIDUEL	. Comportements de citoyenneté organisationnelle . Comportements organisationnels contre-productifs . Engagement . Performance perçue (par l'employé lui-même et/ou par d'autres) . Feed-back des clients	. Performance de la tâche, productivité . Absentéisme . Départ
ORGANISATIONNEL	. Agrégation des mesures subjectives individuelles . Mesures subjectives portant sur le groupe	. Agrégation des mesures objectives individuelles . Résultats opérationnels . Résultats financiers . Valeur de marché . RSE

Les indicateurs de performance choisis dépendent de la question posée. Quels que soient le ou les choix, il est essentiel de s'interroger sur la validité et la pertinence du ou des indicateurs choisis.

La satisfaction client, la loyauté client et la probabilité que les clients achètent de nouveau peuvent être considérées comme des indicateurs forts de performance, car ils ont une influence sur le chiffre d'affaires. Beaucoup d'entreprises collectent quotidiennement des données sur la satisfaction client. Il est cependant beaucoup moins fréquent qu'elles utilisent des techniques avancées pour comprendre quels sont les facteurs qui peuvent prédire ces résultats clés et comment tirer profit de cette information, notamment en matière de politiques RH et managériales.

D'un point de vue pratique, les données existantes dans votre entreprise et dans une autre peuvent être très différentes. Par exemple, un centre d'appel pourra avoir des données sur le nombre, la durée et la charge des appels, alors qu'un réseau d'agences immobilières pourra avoir des données sur le nombre et les montants des ventes et des locations par agence, voire par personne.

En matière de performance, la performance individuelle n'est pas toujours le meilleur niveau où mesurer la performance. C'est le cas chaque fois que ce sont des équipes et non des personnes qui interviennent dans le processus.

Quand il est possible de mesurer la performance des équipes et des personnes, il peut être intéressant de comprendre les liens entre la performance collective et la performance individuelle. La performance collective n'est pas forcément la conséquence de la performance individuelle. Par exemple, une grande disparité entre les performances individuelles peut être problématique pour la performance collective.

Lorsque l'on parle de performance et de mesure de la performance, il est essentiel d'avoir en tête que le fait d'être centré sur certains indicateurs de performance peut être mauvais pour la performance future de l'entreprise.

Prenons un exemple simple : les caisses d'un supermarché. Si la seule mesure de la performance est le nombre d'articles scannés par minute, alors les personnes travaillant en caisse auront pour incitation de faire au mieux en ce domaine au détriment, par exemple, d'un autre domaine qui est l'échange avec les clients.

Mais peut-être que les clients donnent de l'importance au fait d'avoir un contact agréable avec les personnes de caisse, en particulier quand la queue est courte. Peut-être que ces contacts sont bons aussi pour les personnes de caisse qui ont ainsi moins de troubles musculo-squelettiques et un meilleur moral, ce qui se traduit par moins d'absences et de turnover.

À quel point votre entreprise est-elle un système de travail à haute performance ?

Des chercheurs travaillent pour comprendre ce qui fait qu'une entreprise peut être très performante. L'essentiel de ce travail se retrouve autour d'un concept, celui des systèmes de travail à haute performance.

Parmi les modèles développés par les chercheurs en domaine, modèles qui ont de nombreux points communs, le plus reconnu est celui d'Appelbaum et de ses collègues (2000). Pour ces chercheurs, une entreprise très performante possède les caractéristiques suivantes.

- L'opportunité de participer aux décisions
- Des politiques pour garantir des compétences adéquates
- Des incitations appropriées.

L'opportunité de participer est notamment caractérisée par l'autonomie dans la prise de décision et des équipes qui se dirigent elles-mêmes.

Les employés ont besoin d'avoir les compétences nécessaires pour être efficaces. Ces compétences peuvent s'acquérir à travers des formations et le soutien des collègues de travail. Le niveau d'éducation et l'ancienneté dans une entreprise sont également une aide.

Les entreprises utilisent diverses incitations afin que les travailleurs s'investissent dans le développement de leurs compétences, fournissent davantage d'effort et prennent des décisions pour le bien de l'entreprise qui les emploie. Ces incitations sont :

- La sécurité de l'emploi (l'entreprise fera des efforts pour conserver les emplois dans une situation de déclin des ventes)
- Les opportunités de promotion
- L'équilibre entre la vie professionnelle et la vie personnelle et familiale
- Des salaires bons et équitables

La pertinence de ce modèle a été testée avec succès dans diverses entreprises, aussi bien dans l'industrie que dans les services.

Maintenant que nous avons rapidement vu ce que la recherche scientifique peut apporter, la question est de savoir à quel point cela peut servir votre entreprise et pour se faire il convient de répondre à deux questions.

- À quel point mon entreprise s'apparente à un système de travail à haute performance ?
- À quel point les caractéristiques d'un système de travail à haute performance font ou peuvent faire de mon entreprise un système de travail à haute performance ?

La réponse à la première question est dans les représentations que se font les collaborateurs de l'entreprise. Il est sans doute possible de trouver quelques réponses dans des enquêtes menées au sein de l'entreprise.

La réponse à la seconde question est dans l'utilisation statistique de telles réponses.

L'intérêt de connaître les travaux sur les systèmes de travail à haute performance n'est pas dans l'application sans réflexion de cette littérature, mais dans le fait d'utiliser cette littérature pour nourrir une réflexion sur les moyens de rendre votre entreprise plus performante.

Parmi les caractéristiques des systèmes à haute performance et en dehors, qu'est-ce qui peut permettre à votre entreprise d'être plus performante ?

Pour répondre à cette question, il convient à la fois d'utiliser la littérature scientifique et les caractéristiques de votre entreprise. Il peut y avoir d'autres déterminants de la performance que ceux présentés dans la littérature scientifique, mais il est bon d'avoir cette littérature en tête afin d'apporter les meilleurs résultats possible.

Améliorer et prédire la performance

Pour comprendre comment améliorer la performance dans une entreprise, quel que soit le niveau d'analyse, il convient d'utiliser les bases de données existantes, voire de faire des propositions pour récolter de nouvelles données.

Voici quelques idées de déterminants possibles, que ce soit au niveau individuel ou au niveau des équipes. Les listes ne sont pas exhaustives.

	Possibles déterminants
Personne	- Ancienneté - Stress professionnel - Nombre d'heures travaillées - Satisfaction au travail - Perception du soutien organisationnel - Perception de la justice organisationnelle - Salaire - Perception des qualités du management
Équipe	- Mode de fonctionnement de l'équipe - Compétences du leader de l'équipe - Caractéristiques individuelles des membres de l'équipe

Comme nous l'avons vu, connaître les déterminants d'un phénomène est essentiel pour pouvoir influencer ce phénomène, car ces déterminants sont vos leviers d'action.

Pour comprendre comment se crée la performance au sein de votre entreprise et comment la développer, il est à la fois possible et préférable d'étudier la question des possibles déterminants de différentes façons.

- Quelles sont les caractéristiques des personnes/ des équipes performantes ?
- Quelles sont les caractéristiques des personnes/ des équipes les plus performantes ?
- Quelles sont les caractéristiques des personnes/ des équipes les moins performantes ?

Une telle analyse est plus complète et permet d'avoir des résultats plus précis et plus adaptés aux diverses situations présentes dans l'entreprise.

Par ailleurs, à partir du moment où il est possible de comprendre d'un point de vue statistique ce qui fait la performance et comment l'améliorer, alors il est possible de commencer à la prédire, ce qui est intéressant à la fois pour affiner la compréhension de la performance et pour utiliser les résultats dans les processus de recrutements et de promotion.

Prendre en considération l'épuisement professionnel dans la compréhension de la performance

À quoi cela sert-il d'avoir un collaborateur plus performant si ce gain de performance se termine quelques mois plus tard par un burnout ?

Nous vivons dans une culture qui valorise le présentéisme et le burnout. Être présent au travail, c'est être engagé, même si on perd en performance à rester tard le soir à ne pas faire grand-chose plutôt qu'à se ressourcer chez soi. Faire un burnout, c'est avoir été capable d'aller tellement loin dans la performance que l'on s'en soit rendu malade et peu importe si au final une performance moindre, mais durable avait été meilleure à la fois pour le collaborateur et pour l'entreprise.

Il est possible de mesurer le burnout, de prédire le burnout afin de l'empêcher et de prédire si une augmentation de la performance peut mener un collaborateur au burnout.

L'échelle la plus connue pour mesurer le burnout est le Maslach-Burnout-Inventory (MBI) qui distingue trois dimensions : le sentiment d'épuisement émotionnel, la déshumanisation et la perte d'accomplissement personnel au travail. Il existe d'autres échelles comme le Shirom-Melamed Burnout Measure (SMBM) qui mesure les fatigues physiques et cognitives.

À partir du moment où le burnout est mesuré dans l'entreprise, il est possible d'étudier ses prédicteurs et de comprendre notamment à quel point l'augmentation de la performance peut être prédictrice - ou non - de burnout. Dès lors, il est possible d'agir pour réduire le risque de burnout et parfois même réduire l'exigence de performance quand celui-ci est un facteur de risque important de déclenchement du burnout.

Le but d'une entreprise n'est pas d'avoir les collaborateurs les plus performants possible sur le moment, mais les collaborateurs les plus durablement performants.

Améliorer la loyauté des consommateurs

Je souhaite terminer ce chapitre sur la performance par un zoom sur la loyauté des consommateurs, la probabilité qu'un consommateur fasse de nouveau appel à l'entreprise, ses dépenses futures dans les produits proposés ainsi que les moyens d'améliorer chacune de ces trois formes de performance.

Ce sont des types particuliers de performance, puisque la performance des personnes, des équipes et de l'entreprise est comprise dans la capacité de ces personnes, de ces équipes et de l'entreprise de conserver ses clients et d'accroître les dépenses par client fidélisé. Il ne s'agit donc pas d'être productif, mais d'être capable de développer un lien de fidélité, y compris lorsqu'un client est mécontent (avec la limite que ce que l'on peut faire pour le client soit *in fine* rentable pour l'entreprise).

Imaginons une entreprise qui a une étude de satisfaction client où il est demandé aux clients des renseignements sur :

- Différents aspects du comportement de l'employé qui s'est occupé de lui (compréhension des besoins, confiance, apport de recommandation, etc.)
- La probabilité qu'il fasse de nouveau appel à l'entreprise
- Les sommes d'argent qu'il est prêt à dépenser de nouveau dans les produits ou services de l'entreprise
- Quelques caractéristiques sociodémographiques

Avec ces données, il est possible de comprendre les différences de performance d'un employé à un autre, mais aussi ce qu'il est nécessaire de développer pour augmenter la probabilité de faire de nouveau appel à l'entreprise ainsi que les moyens nécessaires pour que les clients souhaitent dépenser plus.

Étude de cas 3 - Réduire le turnover pour réduire les coûts et la perte de capital organisationnel

Votre problématique

Vous souhaitez réduire le turnover volontaire dans votre entreprise, car cela coûte cher et fait perdre de bons employés. Il vous faut donc comprendre pourquoi certains de vos employés partent.

Le coût du turnover

Le coût du turnover est un thème traditionnel de la littérature sur les RH et le management. Voici un petit tableau pour rappeler les coûts principaux.

Coûts de séparation	Coûts de remplacement	Coûts d'intégration
Entretiens Perte de revenus due à la vacance Perte de productivité Embauche d'un intérimaire pendant la vacance Coût de réassignation des clients (si la personne partante s'occupait d'un portefeuille client) Etc.	Annonces Sélection des candidats pour les entretiens Entretiens Tests Processus administratif Visite médicale Etc.	Coût de formation Coût de l'aide informelle Perte au moins temporaire de productivité Perte au moins temporaire de capital humain Perte au moins temporaire de capital organisationnel Etc.

À tout cela, il faut ajouter le fait que la période d'essai peut ne pas être concluante, pour l'entreprise ou l'employé, et qu'il faille en conséquence reprendre le processus.

Pour Griffeth et Hom (2001), le coût du turnover d'un employé peut s'élever à deux à trois fois son salaire annuel, les coûts augmentant avec son niveau de responsabilité et la difficulté de le remplacer.

Pour certaines positions, cela peut prendre jusqu'à 12 mois pour que la personne qui remplace développe son réseau interne, gagne la confiance des clients et développe le niveau de compétence et de performance de son prédécesseur.

Ce coût s'additionne aux coûts de l'ensemble des personnes qui partent volontairement, ce qui représente à la fois des sommes importantes et une perte de performance financière.

Le turnover volontaire

Une personne peut quitter une entreprise pour de nombreuses raisons. Parmi elles, il y a le licenciement et la retraite. Dans cette étude de cas, nous allons nous intéresser uniquement au turnover volontaire, c'est-à-dire aux employés qui quittent l'entreprise parce qu'ils sont à l'origine de la décision.

Une part du turnover volontaire peut être considérée comme désirable, car il permet d'améliorer l'organisation. C'est le cas lorsque la personne est peu performante. Un turnover nul n'est donc pas forcément un objectif, un turnover bas, si possible plus bas que ses concurrents, si.

Ce que peut apporter une analyse statistique avancée

Dans les entreprises, généralement, il y a des tableaux avec le pourcentage de turnover par équipe, département, division sur une période donnée. Généralement, ces données descriptives font l'objet de spéculation sur les raisons du turnover, par exemple les différences de nature d'un métier, les différences de culture d'un pays à un autre. Ce mode de pensée aboutit à généraliser des hypothèses bancales et à masquer les vrais problèmes.

Sans une analyse rigoureuse au plan scientifique, les raisons du turnover volontaire peuvent être mal diagnostiquées et les politiques mises en place pour y remédier mal dirigées.

Une analyse statistique avancée permet de :

- Comprendre si les différences de turnover d'une entité à une autre sont statistiquement significatives
- Connaître les raisons majeures du turnover
- Prédire la probabilité de départ de chaque employé d'une entreprise
- Mesurer l'efficacité d'une intervention pour réduire le turnover volontaire

Comprendre si les différences de turnover d'une entité à une autre sont statistiquement significatives. Les différences de turnover d'un département d'une entreprise à un autre et les évolutions du turnover dans le temps peuvent être liées à l'entreprise... et au hasard. Ce n'est pas parce que le turnover est plus fort dans un département que cela est dû à des facteurs internes. Ce n'est pas parce que d'une année sur l'autre le turnover a augmenté dans l'entreprise que cela est forcément dû à l'organisation de l'entreprise. L'expert en analytique RH peut dénouer ce qui est du hasard et ce qui ne l'est pas et aider ainsi à mieux évaluer la performance organisationnelle en termes de turnover volontaire.

Connaître les raisons majeures du turnover. Comme nous l'avons vu dans l'étude de cas n°1, mesurer un état – ici le turnover – ne suffit pas pour pouvoir mettre en place les meilleures interventions pour influencer cet état de la manière souhaitée. Pour ce faire, il convient de comprendre quels sont les principaux leviers valables dans votre entreprise et donc utiliser certaines variables présentes dans la base de données de votre entreprise, voire en créer d'autres qui, selon la littérature scientifique, peuvent être explicatives du turnover.

Prédire la probabilité de départ de chaque employé d'une entreprise. À partir du moment où l'on a une bonne compréhension du turnover et de ses déterminants, il est possible de calculer pour chaque employé de l'entreprise une probabilité de risque de départ. Cette donnée peut être intéressante quand il s'agit de promouvoir une personne. La probabilité de départ peut être aussi intéressante quand il s'agit d'embaucher, car il est possible de calculer la probabilité de départ d'un potentiel futur employé.

Il faut cependant garder en tête qu'il ne s'agit que d'une probabilité et qu'en conséquence une décision ne peut pas être prise que sur ce seul chiffre. Une personne qui a un risque de départ de 4,7% et une autre qui a un risque de départ de 42%, ce n'est pas la même chose, mais il est statistiquement toujours possible que ce soit la personne qui a le risque de départ de loin le plus faible qui parte alors que celle qui a le risque le plus grand reste.

Mesurer l'efficacité d'une intervention pour réduire le turnover volontaire. Sur ce point, nous vous renvoyons à l'étude de cas n°5 dans laquelle est développée la mesure de l'impact des interventions RH.

Étude de cas 4 - Bien recruter et promouvoir

Votre problématique

Votre entreprise a régulièrement besoin d'embaucher. Vous souhaitez engager des personnes qui vont être performantes ET qui auront envie de rester dans votre entreprise.

Vous avez aussi besoin de promouvoir et vous souhaitez réduire le risque de faire des erreurs, car plus les postes sont importants, plus les erreurs peuvent coûter cher. En outre, vous souhaitez réduire le risque que les personnes auxquelles vous accordez des promotions et dans lesquelles vous investissez en formation, coaching, etc. quittent l'entreprise.

Le recrutement

Lors des recrutements, une entreprise peut amasser une quantité importante de données qui peuvent être par la suite utiles pour améliorer le processus de sélection.

Ces données peuvent être utilisées pour comprendre si certaines variables sont prédictives de la performance future des personnes sélectionnées.

Elles peuvent aussi être utilisées pour sélectionner comme nouvel employé des personnes qui ont un faible risque de quitter l'entreprise, ainsi que pour conserver ou développer une organisation qui donne à ses membres l'envie de rester.

L'analytique RH prédictive peut donc être appliquée au recrutement afin de mieux recruter et de recruter des personnes qui ont une probabilité plus faible de quitter par la suite l'entreprise.

Dans ce processus de sélection des futurs collaborateurs, il est possible aussi d'utiliser les études portant sur les collaborateurs de l'entreprise – et non pas seulement les candidats récemment engagés. En effet, les études sur l'engagement au travail, la performance et le turnover donnent une information non pas sur les candidats récents qui ont réussi à bien s'intégrer, mais sur les collaborateurs les plus engagés, les plus performants et les plus fidèles. Il s'agit là de données qui portent sur une autre population et une population en règle générale plus importante.

Sur le plan de la responsabilité sociale, l'analytique RH peut aussi être utilisée pour vérifier que le processus de recrutement n'est pas biaisé. Par exemple, il est possible de vérifier si les hommes (réciproquement les femmes) ne sont pas avantagés par le processus de recrutement. En France, si les statistiques ethniques étaient permises, il serait possible de vérifier qu'il n'y a pas de biais ethnique dans le recrutement.

Les promotions

Ce qui est vrai pour le recrutement est vrai aussi pour les promotions. Il est possible d'utiliser les données existantes pour comprendre si certaines variables sont prédictives de la performance future des personnes promues… et du fait qu'elles ne finissent pas par partir à la concurrence ! Il est également possible d'utiliser les données pour vérifier que les promotions ne sont pas biaisées.

Le cas des hauts potentiels

Plus une position est élevée dans l'organigramme d'une entreprise, plus une erreur de promotion peut coûter cher. C'est pourquoi l'analytique RH peut être encore plus utile pour la sélection, le développement et la rétention des hauts potentiels.

Le concept de haut potentiel peut être confondu avec des concepts proches, mais différents comme celui de talent ou celui de haut performant.

Pour Bentein et ses collègues (2012), un haut potentiel est un « individu [qui] possède des qualités supérieures, rares et remarquables dans l'organisation, qui lui permettront de se développer pour contribuer au succès futur de l'organisation, en démontrant une performance élevée dans des postes clés ».

Alors qu'un talent ou un haut performant sont repérés à partir de ce qu'ils ont réalisé, un haut potentiel est repéré en fonction de sa capacité à apprendre de l'expérience au cours de sa carrière et de sa capacité – supposée – de réussir dans le futur à des postes à plus forte responsabilité.

La recherche essaie de comprendre plus précisément ce qui fait un haut potentiel. Différents modèles ont été conçus en ce sens.

Un des modèles les plus intéressants est celui de Silzer et Church (2009). Les deux chercheurs ont compilé 9 modèles et deux études afin de créer un modèle intégratif. Dit autrement, Silzer et Church ont gardé comme caractéristiques de leur modèle les caractéristiques les plus fréquemment citées dans les autres modèles, ce qui nous donne une sorte de consensus.

Le modèle de Silzer et Church a trois dimensions :

- Les dimensions fondamentales, qui rassemblent les dimensions difficiles à changer : habileté cognitive, variables de personnalité dont les compétences interpersonnelles ;
- Les dimensions de développement ou de croissance personnelle, qui rassemblent les composantes qui facilitent le développement, la croissance des personnes ;
- Les dimensions de carrière, qui rassemblent les indicateurs actuels des compétences nécessaires pour des carrières spécifiques.

Chaque dimension est développée dans l'article que les deux chercheurs ont publié.

Ce modèle peut être une bonne base dans une entreprise pour améliorer sa politique des hauts potentiels. Mais il faut garder en tête que ni ce modèle, ni les autres sur lesquels s'appuient les chercheurs pour le construire ne sont valables pour votre entreprise. D'abord, ils n'ont jamais été évalués. Ensuite, même une évaluation positive ne signifie pas que le modèle est bon aussi pour votre entreprise.

Par contre, ce modèle est une bonne source d'inspiration pour développer dans votre entreprise un modèle valide, car sans cesse évalué et amélioré. Pour cela, il faut aller au-delà des concepts et mesurer, faire de l'analytique RH.

Il convient cependant d'avoir en tête que l'analytique RH peut rencontrer avec les hauts potentiels une limite qui peut être nouvelle. En effet, plus on s'approche de la tête d'une entreprise, moins la population qui peut être étudiée est nombreuse, ce qui est problématique d'un point de vue statistique.

Il existe bien un moyen de résoudre ce problème. Il s'agit d'utiliser les données de plusieurs entreprises, voire comme il est fait en finance de partir de bases de données publiques de plusieurs centaines ou milliers d'entre elles. Dans une économie de compétition, il peut être problématique de collecter des données très spécifiques dans plusieurs entreprises concurrentes.

Au final, l'analytique RH peut aider une entreprise à mieux sélectionner ses hauts potentiels comme elle le fait de ses nouveaux collaborateurs, mais lorsqu'on s'approche de la tête de l'entreprise, l'utilisation de l'analytique RH s'avère plus compliquée.

Étude de cas 5 - Comprendre l'impact d'une nouvelle intervention RH ou managériale

Votre problématique

Vous allez mettre en place une nouvelle intervention RH et vous voulez en mesurer les effets afin de :

- Comprendre à quel point vos attentes se réalisent ou non
- Comprendre comment il est possible d'améliorer l'intervention

Les interventions RH portent sur des sujets très divers : formation, rémunération, engagement, bien-être au travail, alignement des comportements sur une nouvelle stratégie, etc.

Pour n'importe quel type d'intervention, il est souhaitable de mesurer les résultats et les comprendre.

Traquer l'impact de vos interventions RH

Une des tâches clés de l'expert en analytique RH est d'évaluer l'impact des interventions RH et managériales. Ces interventions peuvent en effet avoir un coût considérable et il est bon de savoir si on en a eu pour son argent ou pas, et ce pour au moins deux raisons :

- Développer sa compréhension de la réalité de l'entreprise et accroître la probabilité de prendre de bonnes décisions dans le futur.
- Décider d'étendre ou non une intervention, si elle n'a été menée que sur une partie de l'entreprise ou s'il est prévu que les nouveaux employés bénéficient également de l'intervention

Pour mesurer l'impact d'une intervention, il convient de mesurer les variables d'intérêt avant et après l'intervention. Comme l'objectif est d'avoir un effet durable, il est intéressant aussi de mesurer les variables d'intérêt plusieurs semaines ou plusieurs mois après l'intervention afin de comprendre à quel point l'intervention a changé les pratiques dans la durée.

Lorsque ces variables ont été mesurées, il est possible de mener ce qu'on appelle une étude d'événement ou étude d'impact.

Différentes interventions, différentes mesures

Le premier point à prendre en compte dans la conception de l'étude d'impact d'une intervention est la métrique utilisée.

Pour chaque intervention, l'expert en analytique RH doit se poser trois questions :

- Quel est l'impact attendu de l'intervention ?
- Quelles sont les mesures qui existent au sein de l'entreprise et qui pourraient aider à mesurer cet impact ?

- Y a-t-il besoin de créer une ou des nouvelles mesures pour évaluer l'influence de l'intervention ?

Il est possible que l'entreprise ait dans sa base de données les métriques nécessaires. Par exemple, si une formation a pour but d'améliorer la performance des employés, il y a sans doute des indicateurs de performance individuelle qui permettront d'étudier l'impact de la formation sur la performance. Il convient juste de vérifier que ces indicateurs sont valides et pertinents, et de prendre en compte leurs limites dans l'analyse des résultats statistiques.

Il est possible aussi qu'il soit nécessaire de créer de nouvelles mesures pour comprendre l'impact de l'intervention. Bien évidemment, la création de nouvelles mesures doit se faire avant l'intervention. De même il est essentiel qu'au moins une première collecte de ces nouvelles données se fasse avant l'intervention.

Imaginons que l'objectif d'une intervention soit d'aligner des commerciaux sur de nouvelles pratiques commerciales. Pour cela, il convient de développer un test qui sera passé avant la formation, après la formation et quelques mois plus tard. Cela permettra de mesurer l'impact de la formation à la fois dans le temps court, mais aussi dans la durée, ce qui est l'objectif ultime recherché.

Les résultats obtenus, que ce soit juste après la formation ou quelques mois après, permettront de réaliser des ajustements afin d'avoir un bon alignement des comportements commerciaux sur la nouvelle stratégie commerciale.

Entre ce qui est décidé par le haut management et ce qui est appliqué, il peut en effet y avoir une grande différence. Par ailleurs, certaines personnes ou certains services peuvent mieux mettre en place le changement. L'analytique RH peut aider à réduire ces différences en apportant de l'information pertinente sur la mise en place des changements souhaités et les raisons pour lesquels ils peuvent n'être mis en place que partiellement.

Calculer la rentabilité financière d'une intervention

S'il peut être compliqué de mesurer l'impact d'une intervention sur les comportements, il est bien plus compliqué encore, voire impossible de mesurer l'impact de l'intervention sur la rentabilité financière de l'entreprise.

Il faut cependant avoir en tête que dans certains cas, il est possible d'estimer cette rentabilité financière.

De manière pratique, c'est possible chaque fois que l'on peut mettre en relation la variance des variables qui mesurent l'impact d'une intervention avec des données financières.

Le panel et le « pulse »

Un panel est un ensemble de personnes qui est suivi dans le temps.

En marketing, les panels sont utilisés pour comprendre les comportements des consommateurs. Ainsi, les évolutions de ces comportements peuvent être suivies dans le temps et une entreprise peut analyser l'impact d'une campagne publicitaire sur ces comportements. Il est également possible de faire intervenir ces personnes suivies afin de mieux comprendre ce qu'elles souhaitent et ainsi adapter ses produits et son image.

D'un point de vue RH et managérial, un panel est un ensemble d'employés dont les perceptions, les attitudes, les comportements, les émotions seraient suivis au fur et à mesure du temps.

Le « pulse » se distingue du panel en ce que le groupe d'employés étudiés n'est pas le même lorsque l'étude est répétée. Le « pulse » idéal nécessite que les groupes d'employés étudiés soient choisis de manière aléatoire.

Le problème de la représentativité (expliqué avec un bol de soupe !)

On peut choisir de ne collecter des données que sur une partie de l'organisation afin de réduire les coûts. En même temps, on souhaite que ces données aient les mêmes caractéristiques que celles qui auraient été collectées si l'entière organisation avait participé. Bref, on veut qu'elles soient représentatives.

Expliquons le problème de la représentativité à l'aide d'un bol de soupe. Peut-on ne boire qu'une cuillerée de soupe et connaître les caractéristiques essentielles du bol de soupe dans son entier ?

D'un point de vue statistique, la réponse est donnée par le théorème central limite, théorème qui nous permet de dire qu'il est possible d'avoir une bonne connaissance des caractéristiques de l'entreprise en étudiant un petit échantillon de ses collaborateurs.

Comme disent les statisticiens, « vous n'avez pas besoin de boire la totalité du bol de soupe pour avoir une idée du goût qu'il a » (tant que vous faites attention à ce que vous mettez dans votre cuillère !)

Il y a deux façons de sélectionner ce que l'on met dans la cuillère : le hasard et le choix d'un échantillon représentatif. Ni l'un, ni l'autre ne peuvent vous garantir à 100% que ce que vous trouverez dans la cuillère aura la même saveur que ce qu'il y a dans le bol.

En choisissant le hasard, vous cherchez à ne pas introduire de biais dans votre démarche, mais vous pouvez tomber sur le seul clou de girofle du bol de soupe et croire qu'il en est rempli. En choisissant un échantillon représentatif, vous pouvez sélectionner les ingrédients et leur proportion, mais vous pouvez vous tromper et ne pas avoir une cuillerée représentative. C'est le cas des sondages dits représentatifs. Ils ne sont représentatifs que de certaines caractéristiques sociodémographiques de la population.

En résumé, vous ne pourrez jamais être totalement sûr que votre cuillerée vous donnera une bonne idée du contenu du bol, mais si vous suivez certaines règles, vous pouvez être à peu près sûr que vous n'en serez pas loin.

La question de la représentativité se pose également quand on souhaite récolter des données sur l'ensemble des personnes de l'organisation et qu'une partie des personnes ne répondent pas. Dans ce cas, il faut se demander s'il y a des biais qui expliquent que des personnes n'ont pas souhaité répondre et, si on en trouve, il faut comprendre leur impact sur les données recueillies.

Par exemple, dans une étude que j'ai réalisée sur le bien-être au travail, il s'est trouvé que les personnes qui répondaient étaient en moyenne à la fois moins performantes dans le passé et plus performantes dans le présent. Bref, en termes de performance, elles étaient en moyenne sur une pente ascendante, alors que celles qui ne répondaient pas étaient en moyenne sur une pente descendante. La performance avait donc une influence sur le fait de répondre à des questions sur le bien-être au travail, les personnes devenant plus performantes répondant davantage. Il était donc probable que le degré de bien-être au travail obtenu par la collecte des données était supérieur à la réalité.

L'effet Hawthorne ou l'influence du chercheur sur la performance de l'employé

Dans la première moitié du 20e siècle, Mayo et ses collègues chercheurs se sont aperçus que le seul fait de mener une expérience scientifique avec des travailleurs pouvait aboutir à augmenter leur performance. Comme ces recherches ont eu lieu dans l'usine de Hawthorne, il a été donné à ce phénomène le nom d'effet Hawthorne.

Pour l'expert en analytique RH, l'effet Hawthorne est important, car il signifie que sa seule présence peut biaiser les résultats en matière de performance. S'il n'y fait pas attention, il peut donner une analyse erronée des résultats d'une intervention en surévaluant l'impact réel de l'intervention.

Il existe cependant un moyen d'évacuer le problème de l'effet d'Hawthorne. Il suffit de répéter les mesures dans le temps. De manière pratique, à l'évaluation avant l'intervention et à celle après, il convient d'ajouter une troisième évaluation quelques semaines ou mois plus tard. Cela permet à la fois de s'abstraire de l'effet d'Hawthorne et de comprendre à quel point les bénéfices de l'intervention ont été ou non durables.

Prendre soin d'isoler les effets propres à l'intervention de possibles effets extérieurs

Des changements peuvent se produire dans l'entreprise sans qu'ils soient liés à une intervention particulière. Lorsque cela se produit au même moment qu'une intervention, cela peut biaiser les résultats de celle-ci sans que l'on en ait conscience.

Prenons un exemple simple (et hors travail) pour expliquer ce phénomène. Vous êtes malade, vous allez chez le médecin qui vous donne un médicament, vous guérissez. Est-ce que vous avez guéri à cause du médicament ?

Peut-être que le médicament a agi seul. Peut-être qu'il a agi de concert avec votre système immunitaire. Peut-être qu'il n'a eu aucune influence et le système immunitaire a fait tout le travail. Peut-être même qu'il a compliqué la tâche du système immunitaire. Ou le contraire.

Le problème est le même lorsqu'il s'agit d'une intervention en entreprise. Imaginez que vous ayez formé certaines de vos équipes à la créativité. Après la formation, l'analyse statistique montre une augmentation du niveau de créativité par équipe. Vous êtes content et vous généralisez la formation à l'ensemble de vos équipes.

Or, dans le même temps, vous avez modifié la composition de vos équipes, notamment celles qui ont participé en premier à la formation. Vous les avez diversifiées en termes de profils, ce qui est reconnu par la littérature scientifique comme un moyen d'accroître la créativité. En fait, l'influence de la formation est beaucoup moins importante.

Pour isoler les effets propres d'une intervention de possibles effets extérieurs, il existe plusieurs méthodes :

- Répéter les mesures dans le temps
- Faire vivre l'intervention de manière différente à plusieurs groupes (et par exemple, avoir un groupe contrôle qui ne bénéficie pas de l'intervention)
- Utiliser dans les calculs statistiques des variables de contrôle (c'est-à-dire des variables qui peuvent avoir elles aussi une influence sur la ou les variables qui doivent témoigner du succès ou de l'échec de l'intervention).

En guise de conclusion

J'espère que mon livre vous a plu, que vous avez appris des choses qui vous ont intéressé professionnellement et que vous avez pris du plaisir à le lire. Si vous avez des questions, vous pouvez facilement me contacter au moyen de mon site personnel (www.renaudgaucher.com) ou directement par courriel (renaudgaucher@gmail.com).

Renaud Gaucher

Références bibliographiques

Appelbaum, E. (2000). *Manufacturing advantage: Why high-performance work systems pay off*. Cornell University Press.

Bach, S. (2012). Performance management, in *Managing Human Resources : HRM in transition*. New York : Wiley.

Bentein, K., Guerrero, S., & Klag, M. (2012). Comment gérer les employés à haut potentiel? *Gestion*, *37*(3), 58-67.

Brynjolfsson, E., & McAfee, A. (2012). *Race against the machine: How the digital revolution is accelerating innovation, driving productivity, and irreversibly transforming employment and the economy*. Brynjolfsson and McAfee.

Dawes, R. M. (1979). The robust beauty of improper linear models in decision making. *American psychologist*, *34*(7), 571.

Griffeth, R. W., & Hom, P. W. (2001). *Retaining valued employees*. Sage Publications.

Hoch, S. J. (2001). Combining models with intuition to improve decisions. *Wharton on Making Decisions. New York: Wiley*, 81-101.

Kahn, W. A. (1990). Psychological conditions of personal engagement and disengagement at work. *Academy of management journal*, *33*(4), 692-724.

Kahneman, D. (2011). *Thinking, fast and slow*. Macmillan.

Luger, G. F., & Stubbleeld, W. A. (1993). *Artificial intelligence: Structures and strategies for complex problem solving*. Redwood : The Benjamin.

Rich, B. L., Lepine, J. A., & Crawford, E. R. (2010). Job engagement: Antecedents and effects on job performance. *Academy of Management Journal*, *53*(3), 617-635.

Saks, A. M. (2006). Antecedents and consequences of employee engagement. *Journal of Managerial Psychology*, *21*(7), 600-619.

Schaufeli, W. B., Salanova, M., González-Romá, V., & Bakker, A. B. (2002). The measurement of engagement and burnout: A two sample confirmatory factor analytic approach. *Journal of Happiness Studies*, *3*(1), 71-92.

Silzer, R., & Church, A. H. (2009). The pearls and perils of identifying potential. *Industrial and Organizational Psychology*, *2*(4), 377-412.

Tetlock, P. (2005). *Expert political judgment: How good is it? How can we know?* Princeton University Press.

www.ingramcontent.com/pod-product-compliance
Lightning Source LLC
Chambersburg PA
CBHW070331190526
45169CB00005B/1839